Vorwort

Viele Menschen verbinden die Low Carb Ernährung mit einem Leben ganz ohne Backwaren, Kuchen und Brot. Diese Angst möchte ich Ihnen nehmen. Man kann sehr viele Dinge mit Austauschmitteln nachbauen, ganz ohne Reue.

Eine besondere Hilfe stellt hierbei der neue Thermomix TM5 dar. Mit ihm ist alles ganz einfach nachzuarbeiten. Man kann aber auch alle Rezepte mit den anderen Thermomix Geräten zubereiten.

Ich wünsche Ihnen viel Spaß mit meinem Buch.

Inhaltsangabe

Walnussbrot

Zutaten
250 g Quark
50 g Speisekleie
50 g Eiweißpulver neutral
50 g Leinsamen, geschrotet
60 g gehackte Walnüsse
20 g Butter
1 TL Brotgewürz
2 Eier
1 TL Backpulver

Zubereitung

Alle Zutaten in den Mixtopf geben und 1 Minute auf Stufe 5 mischen. Danach nochmals 2 Minuten auf Teigstufe kneten. Eine Kastenform mit Backpapier auslegen und den Teig hineingießen. Im Backofen bei 180 Grad ca. 1 Stunde backen.

Schnelles Haferbrot

Zutaten
250 g Haferkleie
50 g Weizenkleie
1 Pck. Backpulver
3 Prisen Salz
450 g Quark
6 Eier

Zubereitung
Alle Zutaten in den Mixtopf geben und auf höchster
Stufe 20 Sekunden vermischen. Nun nochmals alles 1
Minute auf Teigstufe kneten. Eine Brotform mit
Backpapier auslegen oder gut einfetten. Den Teig hinein
geben und bei 180 Grad eine Stunde backen.

Kleine Fladenbrote

Zutaten
Teig
100 g Magerquark
15 g Gluten
2 Eier getrennt, dass Eiweiß
muss aufgeschlagen sein

Zutaten
Zum Bestreuen
1 EL Sesam
etwas Kümmel

Zubereitung
Quark, Gluten und Eigelbe in den Mixtopf geben und 45
Sekunden / Stufe 5. Jetzt das Eiweiß hinein geben und 4
Sekunden / Stufe 5. Ein Blech mit Backpapier auslegen
und kleine runde Fladen auf das Papier mit dem Löffel
heben. Die Fladen mit dem Sesam und den Kümmel
bestreuen und bei 180 Grad ca. 20 Minuten backen.

Pizza Fladen

Zutaten
Teig
100 g Magerquark
15 g Gluten
1 TL Pizzagewürz
1 EL Streukäse
2 Eier getrennt, dass Eiweiß
muss aufgeschlagen sein

Zutaten
Streukäse
1 EL getrocknete
Tomaten

Zubereitung
Quark, Gluten, Pizzagewürz, Streukäse und Eigelbe in den Mixtopf geben und 1 Minute auf Stufe 5. Jetzt das Eiweiß hinein geben und 4 Sekunden / Stufe 4. Ein Blech mit Backpapier auslegen und kleine runde Fladen auf das Papier mit dem Löffel heben. Die Fladen mit dem Käse und den Tomaten bestreuen und bei 180 Grad ca. 20 Minuten backen.

Buttertoast

Zutaten
280 g gemahlene Mandeln, weiß
90 g gemahlene Flohsamenschalen
2 TL Backpulver
1 Teelöffel Salz
60 g Apfelessig
6 Eiweiße, geschlagen
340 g kochendes Wasser

Zubereitung

Alle Zutaten außer dem Wasser in den Mixtopf geben.
Alles auf Stufe 5 / 1 Minute vermischen. Nun das Wasser
hinein geben und auf höchster Stufe nochmals 45
Sekunden vermengen. Eine Brotform mit Backpapier
ausschlagen und den Teig hinein geben. Bei 180 Grad ca.
1 Stunde backen.

Leinsamen Mandelbrot

Zutaten
300 g Magerquark
100 g Mandeln gemahlen
100 g Leinsamen gemahlen
20 g Butter
5 EL Weizenspeisekleie
8 Eier
1 TL Salz
1 Pck. Backpulver
2 EL Sonnenblumenkerne

Zubereitung
Alle Zutaten außer den Sonnenblumenkernen in den
Mixtopf geben. Auf höchster Stufe 1 Minute mixen,
danach noch 1 Minute auf Teigstufe. Eine Kastenform
mit Backpapier auskleiden und den Teig hinein geben.
Mit den Sonnenblumenkernen bestreuen und in den Ofen
schieben. Bei 180 Grad ca. 1 Stunde backen.

Kastanienmehl Brot

Zutaten
4 Eier
1 TL Natron
200 g Naturjoghurt
60 ml Olivenöl
1 TL Brotgewürz
1 TL Salz
300 g gemahlene Walnüsse
200 g Kastanienmehl

Zutaten
Alle Zutaten in den Mixtopf geben und 1 Minute auf höchster Stufe mixen. Eine Brotbackform mit Backpapier auslegen und den Teig hinein füllen.
Das Brot bei 200 Grad ca. eine Stunde backen.

Vielerlei Nussbrot

Zutaten
100 g Walnussmehl
100 g Haselnussmehl
100 g Kokosmehl
200 g Mandelmehl
4 Eier
200 g Joghurt
60 g Olivenöl
1 TL Natron
20 g Flohsamenschalen gemahlen
1 TL Kümmel

Zubereitung
Die Zutaten nacheinander in den Mixtopf geben und auf
Stufe 5 / 1 Minute mischen. Eine Backform mit
Backpapier auskleiden und den Teig hinein geben. Bei
180 Grad ca. 1 Stunde backen.

Rustikales Sonnenblumenkernbrot

Zutaten
4 Eier
1 TL Natron
100 g Naturjoghurt
100 g Bier
60 ml Olivenöl
1 TL Brotgewürz
1 TL Salz
350 g gemahlene Mandeln
150 g Sonnenblumenkerne

Zutaten
Alle Zutaten in den Mixtopf geben und 1 Minute auf
Stufe 5 vermengen. Eine Brotbackform mit Backpapier
auslegen und den Teig hinein füllen.
Das Brot bei 200 Grad ca. eine Stunde backen.

Kokos Bananenbrot

Zutaten
4 Eier
1 TL Natron
250 g Naturjoghurt
60 ml Kokosöl
Süßstoff nach Geschmack
1 zerdrückte Banane
1 TL Salz
250 g gemahlene Mandeln
50 g gehackte Mandeln
250 g gemahlene Kokosflocken

Zutaten
Alle Zutaten in den Mixtopf geben und auf höchster
Stufe 1 Minute mischen. Eine Brotbackform mit
Backpapier auslegen und den Teig hinein füllen.
Das Brot bei 200 Grad ca. eine Stunde backen.

Knäckebrot

Zutaten
4 EL Goldleinsaat gemahlen
1 Ei
1 Prise Salz
etwas Sesam zum Bestreuen

Zubereitung
Alle Zutaten außer Sesam in den Mixtopf geben und auf
höchster Stufe 45 Sekunden rühren. Eine Mikrowellen
geeignete Form bereitstellen. Den Teig in die Form
streichen und mit Sesam bestreuen. Alles in Knäckebrot
Stücke schneiden. In der Mikrowelle auf höchster Stufe
backen, bis das Knäcke richtig hart ist. Das dauert ca. 5
Minuten.

Chiasamen Knäcke

Zutaten
4 EL Goldleinsaat gemahlen
1 EL Chiasamen
1 EL geriebener Käse
1 Ei
1 Prise Salz
etwas Sesam zum Bestreuen

Zubereitung
Alle Zutaten außer Sesam in den Mixtopf geben und auf höchster Stufe 45 Sekunden rühren. Eine Mikrowellen geeignete Form bereitstellen. Den Teig in die Form streichen und mit Sesam bestreuen. Alles in Knäckebrot Stücke schneiden. In der Mikrowelle auf höchster Stufe backen, bis das Knäcke richtig hart ist. Das dauert ca. 5 Minuten.

Quarkplätzchen

Zutaten
500 g Quark mager
12 EL Öl
2 EL flüssiger Süßstoff
3 Eier
Mark einer Vanilleschote
Abgeriebene Schale einer
Bio Zitrone
600 g sehr fein gemahlene
Mandeln oder Mandelmehl
1 Pck. Backpulver
9 EL flüssige Sahne

Zubereitung

Alle Zutaten in den Mixtopf geben und auf höchster Stufe 1 Minute kneten. Auf einer Arbeitsfläche etwas Mandelmehl streuen und den Teig darauf ausrollen. Plätzchen ausstechen und auf ein mit Backpapier ausgelegtes Blech geben. Die Kekse dann bei 200 Grad ca. 15 Minuten backen.

Schokoplätzchen

Zutaten
500 g Quark mager
2 EL Backkakao
50 g zerbröckelte Schokolade
(mindestens 85 % Schokolade
nehmen)
12 EL Öl
2 EL flüssiger Süßstoff
3 Eier
Mark einer Vanilleschote
550 g sehr fein gemahlene
Mandeln oder Mandelmehl
50 g grob gehackt
1 Pck. Backpulver
9 EL flüssige Sahne

Zubereitung
Alle Zutaten in den Mixtopf geben und auf Teigstufe 2
Minuten zu einem Teig kneten. Eventuell den Teig mit
dem Schaber ab und zu nach unten schieben. Auf einer
Arbeitsfläche etwas Mandelmehl streuen und den Teig
darauf ausrollen. Plätzchen ausstechen und auf ein mit
Backpapier ausgelegtes Blech geben. Die Kekse dann bei
200 Grad ca. 18 Minuten backen.

Kokosmakronen

Zutaten
2 Eier
230 g Kokosraspeln
100 g saure Sahne
Süßstoff

Zubereitung
Alle Zutaten in den Mixtopf geben und eine Minute auf Teigstufe rühren. Nun nochmals mit Süßstoff abschmecken. Auf Stufe 2 / 30 Sekunden verrühren. Ein Backblech mit Backpapier auskleiden. Mit 2 Löffeln kleine Teighäufchen aufs Blech setzen und ca. 25 Minuten bei 150 Grad backen.

Mandelmakronen

Zutaten
2 Eier
120 g blättrige Mandeln
120 g gemahlene Mandeln
1 Fläschchen Bittermandelöl
100 g saure Sahne
Süßstoff

Zubereitung
Alle Zutaten in den Mixtopf geben und eine Minute auf
Teigstufe rühren. Nun nochmals mit Süßstoff
abschmecken. Auf Stufe 2 / 30 Sekunden verrühren. Ein
Backblech mit Backpapier auskleiden. Mit 2 Löffeln
kleine Teighäufchen aufs Blech setzen und ca. 25
Minuten bei 150 Grad backen.

Haselnussmakronen

Zutaten
2 Eier
120 g Haselnuss gemahlen
120 g Haselnuss gehackt
1 Prise Zimt
100 g saure Sahne
Süßstoff

Zubereitung
Alle Zutaten in den Mixtopf geben und eine Minute auf
Teigstufe rühren. Nun nochmals mit Süßstoff
abschmecken. Auf Stufe 2 / 30 Sekunden verrühren. Ein
Backblech mit Backpapier auskleiden. Mit 2 Löffeln
kleine Teighäufchen aufs Blech setzen und ca. 25
Minuten bei 150 Grad backen.

Schoko Lebkuchen Plätzchen

Zutaten
500 g Quark mager
2 EL Backkakao
50 g zerbröckelte Schokolade
(mindestens 85 % Schokolade
nehmen)
12 EL Öl
2 EL flüssiger Süßstoff
3 Eier
Mark einer Vanilleschote
550 g sehr fein gemahlene
Mandeln oder Mandelmehl
50 g grob gehackt
1 Pck. Backpulver
9 EL flüssige Sahne
1 TL Lebkuchengewürz

Zubereitung
Die Zutaten nacheinander in den Mixtopf geben und auf
höchster Stufe 1 Minute vermischen. Auf einer
Arbeitsfläche etwas Mandelmehl streuen und den Teig
darauf ausrollen. Plätzchen ausstechen und auf ein mit
Backpapier ausgelegtes Blech geben. Die Kekse dann bei
200 Grad ca. 18 Minuten backen.

Schoko Cookies

Zutaten
150 g Mandeln, gemahlen
120 g Butter
1 Ei
½ TL Natron
Süßstoff
50 g Schokolade 85 %, gehackt
1 Prise Salz

Zubereitung
Alle Zutaten in den Mixtopf geben. Auf Stufe 5 / 45
Sekunden mischen. Mit zwei Löffeln auf ein mit
Backpapier belegtes Blech Teighäufchen geben. Etwas
Abstand lassen, da die Cookies etwas auseinander laufen.
Bei 200 Grad 15 Minuten backen.

Erdnussbutterplätzchen

Zutaten
150 g Erdnussbutter
1 Ei
Mark einer Vanilleschote
Süßstoff nach Geschmack

Zubereitung
Alle Zutaten in den Mixtopf einwiegen und auf Stufe 5
eine Minute lang vermischen. Ein Backblech mit
Backpapier belegen und mit zwei Löffeln kleine
Portionen Teig abstechen. Die kleinen Häuflein auf das
Backpapier setzen. Bei 200 Grad ca. 12 Minuten backen.

Weiche Zimt Wölkchen

Zutaten
50 g Butter weich
100 g Eiweißpulver neutral
2 EL Vanillearoma
3 EL Süßstoff flüssig
2 Eier
2 EL Sahne
½ TL Backpulver
½ TL Zimt

Zubereitung

Alle Zutaten in den Mixtopf geben und 2 Minuten auf Teigstufe kneten. Den Teig für eine Stunde in den Kühlschrank stellen. Ein Backblech mit Backpapier auslegen. Aus dem Teig Kügelchen formen und auf das Blech geben. Mit der Gabel platt drücken. Ca. 15 Minuten bei 200 Grad backen.

Mandeltaler

Zutaten
100 g blättrige Mandeln
Süßstoff nach Geschmack
80 g weiche Butter
80 g gemahlene Mandeln
80 g Eiweißpulver
1 TL Zimt
2 Eier

Zubereitung
Alle Zutaten außer die blättrigen Mandeln in den Mixtopf geben und auf Stufe 5 / 45 Sekunden kräftig vermischen. Aus der Masse kleine Taler formen. Ein Blech mit Backpapier auskleiden und die Taler hinauf geben. Die Blättrigen Mandeln auf die Taler drücken. Bei 180 Grad ca. 18 Minuten backen.

Marzipan Kugeln

Zutaten
Teig
200 g weiße Mandeln
gemahlen
1 Fläschchen Bittermandelaroma
50 g Butter weich
Süßstoff nach Geschmack
2 TL Eiweißpulver

Dekor
1 EL Backkakao
1 EL Streusüße
1 TL Zimt

Zubereitung
Alle Teigzutaten in den Mixtopf geben und auf Stufe 3 / 90 Sekunden mischen. Dann den Teig zu Kügelchen rollen. Die Zutaten für das Dekor in ein Schälchen geben und vermischen. Die Kugeln darin wälzen. Im Kühlschrank aufbewahren.

Kokos Kugeln

Zutaten
Teig
200 g Kokosraspeln gemahlen
50 g Kokosöl
20 g Backkakao
1 EL Rum
Süßstoff nach Geschmack
3 TL Eiweißpulver

Dekor
1 EL Kokosraspeln
1 EL Streusüße

Zubereitung
Alle Teigzutaten in den Mixtopf geben und auf Stufe 3 / 90 Sekunden mischen. Dann den Teig zu Kügelchen rollen. Die Zutaten für das Dekor in ein Schälchen geben und vermischen. Die Kugeln darin wälzen. Im Kühlschrank aufbewahren.

Rum Kugeln

Zutaten
Teig
200 g weiße Mandeln
gemahlen
1 EL Rum
50 g Butter weich
Süßstoff nach Geschmack
2 TL Eiweißpulver
1 EL Backkakao

Dekor
2 EL Schokolade 85 % gehackt

Zubereitung
Alle Teigzutaten in den Mixtopf geben und auf Stufe 3 /
90 Sekunden mischen. Dann den Teig zu Kügelchen
rollen. Die Zutaten für das Dekor in ein Schälchen geben
und vermischen. Die Kugeln darin wälzen. Im
Kühlschrank aufbewahren.

Vanillekipferl

Zutaten
250 g Mandelmehl
200 g Butter, weich
125 g gemahlene Mandeln
3 Eigelbe
50 g Xucker oder andere Streusüße
Süßstoff flüssig nach Geschmack
½ TL Backpulver

Zubereitung

Alle Zutaten außer Xucker in den Mixtopf einwiegen. Auf höchster Stufe 1 Minute mischen. Ein Backblech mit Backpapier auslegen. Den Teig für eine Stunde in den Kühlschrank geben. Nun mit den Händen aus dem Teig erst Kugeln formen, dann Halbmonde. Auf das Backblech geben und ca. 12 Minuten bei 180 Grad backen. Die Kipferl in den Xucker wälzen und genießen.

Pekankipferl

Zutaten
250 g Mandelmehl
200 g Butter, weich
125 g Pekannüsse gemahlen
3 Eigelbe
50 g Xucker oder andere Streusüße
Süßstoff flüssig nach Geschmack
½ TL Backpulver

Zubereitung
Alle Zutaten außer Xucker in den Mixtopf einwiegen.
Auf höchster Stufe 1 Minute mischen. Ein Backblech mit
Backpapier auslegen. Den Teig für eine Stunde in den
Kühlschrank geben. Nun mit den Händen aus dem Teig
erst Kugeln formen, dann Halbmonde. Auf das
Backblech geben und ca. 12 Minuten bei 180 Grad
backen. Die Kipferl in den Xucker wälzen und genießen.

Spritzgebäck

Zutaten
100 g Gluten
300 g Butter, weich
400 g Mandelmehl
Mark von 2 Vanille Schoten
450 g Sojamilch
200 g Sahne
Süßstoff nach Geschmack
Geriebene Schale einer Bio Orange

Zubereitung

Die Zutaten in den Mixtopf geben und auf Stufe 5 / 1 Minute vermischen. Den Teig portionsweise in eine Gebäckpresse geben und den gepressten Teig auf ein mit Backpapier ausgelegtes Blech geben. Im Ofen bei ca. 200 Grad 15 bis 18 Minuten backen.

Quarkbällchen

Zutaten
Süßstoff nach Geschmack
80 g Quark
1 Ei
40g Eiweißpulver neutral
1 TL Backpulver
20 g gemahlene Mandeln
etwas Streusüße zum Bestäuben
Fett zum Frittieren

Zubereitung
Das Fett erhitzen. Alle anderen Zutaten, außer die
Streusüße in den Mixtopf geben und auf Stufe 5 / 45
Sekunden vermischen. Den Teig teelöffelweise in das
Fett geben. Wenn sie goldbraun sind und oben
schwimmen herausnehmen und auf Küchenkrepp
abtropfen lassen. Mit der Streusüße bestäuben und
genießen.

Brownies

Zutaten
200 g Butter weich
80 g Kakaopulver zum Backen
Süßstoff nach Geschmack
4 Eier
150 g Mandeln gemahlen

Zubereitung
Alle Zutaten in den Mixtopf einwiegen. Auf Stufe 5 / 1
Minute vermischen. Ein tiefes Blech mit Backpapier
belegen und den Teig draufschütten. Ca. 20 Minuten bei
200 Grad backen und in Stücken schneiden. Wer möchte,
kann noch eine Tafel Schokolade 85% schmelzen und
die Brownies damit überziehen.

Schoko Muffins

Zutaten
100 g Zartbitterschokolade 85 %
100 g Butter
3 Eier
60 g Mandelmehl
1 gehäufter TL Backpulver
Süßstoff nach Geschmack

Zubereitung
Alle Zutaten in den Mixtopf einwiegen. Auf Stufe 5 / 1
Minute mischen. Der Teig soll schön sämig sein. Ein
Muffinblech mit Papierförmchen auskleiden. Die Formen
jeweils zur Hälfte mit dem Teig füllen. Bei 180 Grad ca.
20 Minuten backen.

Mandel Muffins

Zutaten
4 Eier
½ TL Natron
200 g gemahlene Mandeln
Süßstoff nach Geschmack
100 g Butter
Mark einer Vanilleschote

Zubereitung
Alle Zutaten in den Mixtopf einwiegen. Auf Stufe 5 / 1
Minute mischen. Der Teig soll schön sämig sein. Ein
Muffinblech mit Papierförmchen auskleiden. Die Formen
jeweils zur Hälfte mit dem Teig füllen. Bei 180 Grad ca.
20 Minuten backen.

Himbeere Muffins

Zutaten
4 Eier
½ TL Natron
220 g gemahlene Mandeln
Süßstoff nach Geschmack
60 g Himbeeren
100 g Butter
Mark einer Vanilleschote

Zubereitung
Alle Zutaten in den Mixtopf einwiegen. Auf Stufe 5 / 1
Minute mischen. Der Teig soll schön sämig sein. Ein
Muffinblech mit Papierförmchen auskleiden. Die Formen
jeweils zur Hälfte mit dem Teig füllen. Bei 180 Grad ca.
20 Minuten backen.

Nusskuchen

Zutaten
200 g Butter, weich
120 g gemahlene Mandeln
80 g Eiweißpulver
60 g Kokosflocken
70 g gemahlene Haselnüsse
3 Eier
Süßstoff nach Geschmack
1 Fläschchen Buttervanillearoma
Mark von einer Vanillestange
2 TL Backpulver

Zubereitung
Alle Zutaten in den Mixtopf einwiegen. Auf Stufe 5 / 1
Minute mischen. Eine Backform mit Backpapier
auskleiden und den Teig hinein geben. Bei 180 Grad ca.
60 Minuten backen.

Waffeln

Zutaten
200 g Butter, weich
250 g Quark
9 Eier
Süßstoff nach Geschmack
100 g Goldleinsamen,
kurz auf Stufe 10 mahlen
eine Prise Salz
100 g Eiweißpulver

Zubereitung
Alle Zutaten in den Mixtopf geben und 1 Minute auf
höchster Stufe mischen. Das Waffeleisen vorheizen. Den
Teig Löffelweise im Eisen abbacken. Guten Appetit!

Nachtrag zum Impressum

Copyright

Pixabay com
- nadya-il
- steve pb
- weinstock
- efraimstochter
- johnkamatsos4
- PublicDomainPictures
- Condesign
- Cavalpea
- D brechmann
- Mckartyv
- Flyer Bine
- Kirstentheborg
- Maitemara
- Masterchef
- webvilla

everystockphoto
- Dan4th
- Dollen

Herstellung und Verlag:
BoD - Books on Demand, Norderstedt
ISBN 978-3-7347-4065-7